Impressum
Verlag: BABADADA GmbH, Nedderfeld 112 , 22529 Hamburg
Geschäftsführer / Verlagsleitung: Harald Hof
Druck: Books on Demand GmbH, In de Tarpen 42, 22848 Norderstedt

Imprint
Publisher: BABADADA GmbH, Nedderfeld 112 , 22529 Hamburg, Germany
Managing Director / Publishing direction: Harald Hof
Print: Books on Demand GmbH, In de Tarpen 42, 22848 Norderstedt

école

la escuela

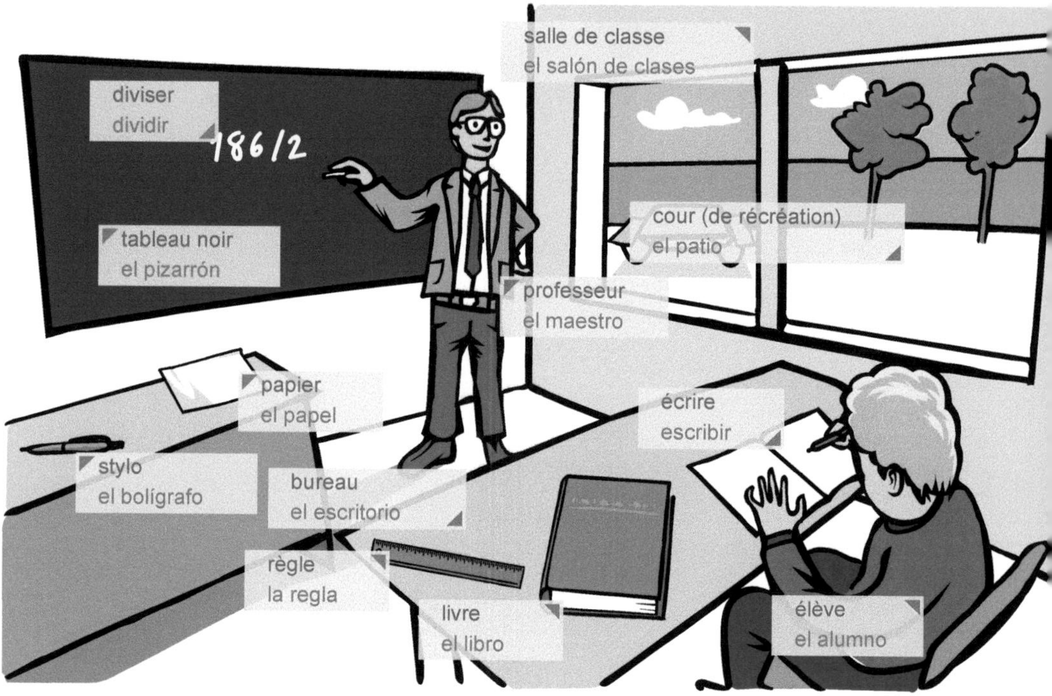

salle de classe
el salón de clases
diviser
dividir
186/2
tableau noir
el pizarrón
cour (de récréation)
el patio
professeur
el maestro
papier
el papel
écrire
escribir
stylo
el bolígrafo
bureau
el escritorio
règle
la regla
livre
el libro
élève
el alumno

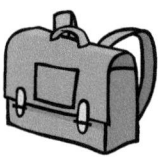

cartable

la mochila

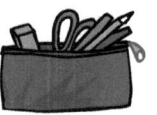

trousse

la caja de lápices

crayon

el lápiz

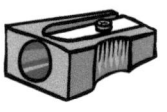

taille-crayon

el sacapuntas

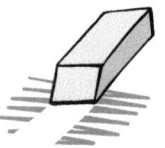

gomme

la goma de borrar

carnet à dessin

el bloc de dibujo

dessin
el dibujo

pinceau
el pincel

boîte de peinture
la caja de lápices de color

ciseaux
las tijeras

colle
el pegamento

cahier d'exercices
el libro de ejercicios

devoirs
la tarea

12

chiffre
el número

2+2

additionner
sumar

5-2

soustraire
restar

2×2

multiplier
multiplicar

calculer
calcular

A

lettre
la letra

ABCDEFG
HIJKLMN
OPQRSTU
VWXYZ

alphabet
el alfabeto

hello

mot
la palabra

texte
el texto

lire
leer

craie
la tiza

leçon
la lección

livre de classe
el cuaderno de clase

examen
el examen

certificat
el certificado

uniforme scolaire
el uniforme

formation
la educación

lexique
la enciclopedia

université
la universidad

microscope
el microscopio

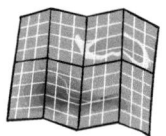

carte
el mapa

corbeille à papier
el bote de basura

voyage
el viaje

hôtel
el hotel
Grand
auberge
el hostel
ROOMS
bureau de change
la casa de cambio
EXCHANGE
valise
la maleta
voiture
el carro

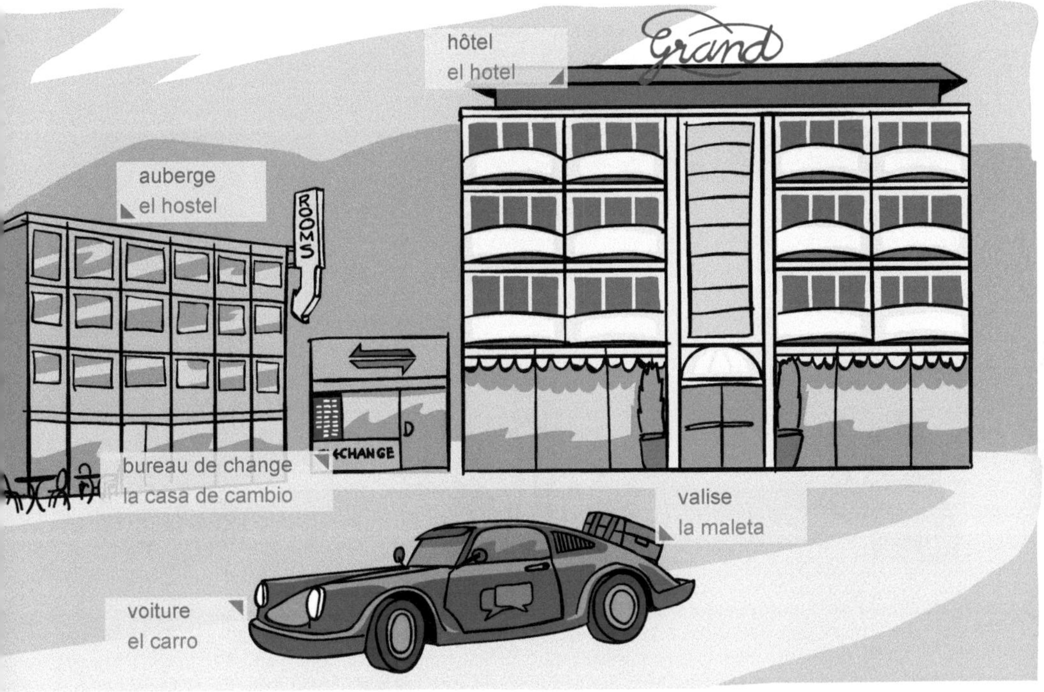

langue
el idioma

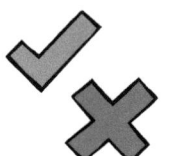

oui / non
sí / no

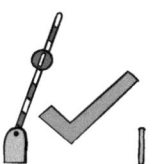

d'accord
Órale

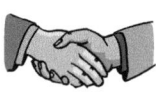

Salut
hola

interprète
el traductor

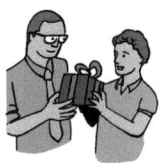

merci
Gracias

Combien coûte...?

¿cuánto cuesta...?

Je ne comprends pas

No entiendo

problème

el problema

Bonsoir !

¡Buenas tardes!

Bonjour !

¡Buenos días!

Bonne nuit !

¡Buenas noches!

Au revoir

adiós

direction

la dirección

bagages

el equipaje

sac

la bolsa

sac-à-dos

la mochila

hôte

el invitado

pièce

la recámara

sac de couchage

la bolsa de dormir

tente

la tienda de campaña

voyage - el viaje

office de tourisme
la información turística

plage
la playa

carte de crédit
la tarjeta de crédito

petit-déjeuner
el desayuno

déjeuner
el almuerzo

dîner
la cena

billet
el billete

ascenseur
el ascensor

timbre
el sello

frontière
la frontera

douane
la aduana

ambassade
la embajada

visa
la visa

passeport
el pasaporte

transport

el transporte

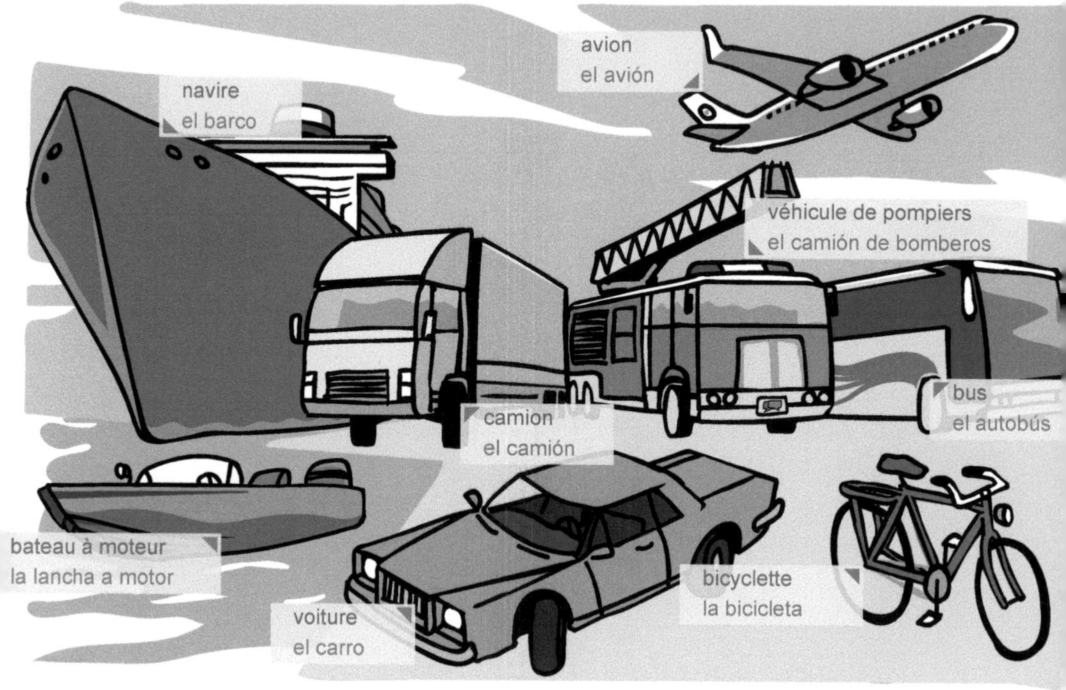
avion
el avión
navire
el barco
véhicule de pompiers
el camión de bomberos
bus
el autobús
camion
el camión
bateau à moteur
la lancha a motor
bicyclette
la bicicleta
voiture
el carro

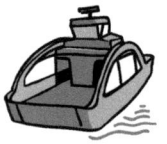

ferry

el ferry

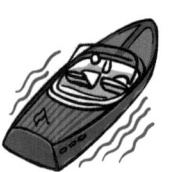

barque

el bote

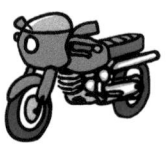

moto

la motocicleta

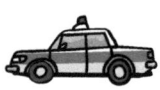

voiture de police

la patrulla

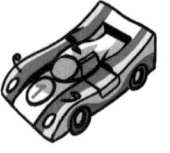

voiture de course

el coche de carreras

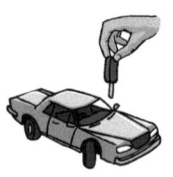

voiture de location

el auto para rentar

auto-partage
....
la renta de autos

voiture de remorquage
....
la grúa

benne à ordures
....
el camión recolector de basura

moteur
....
el motor

essence
....
la gasolina

station d'essence
....
la gasolinera

panneau indicateur
....
la señal de tráfico

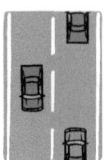

trafic
....
el tránsito

embouteillage
....
el embotellamiento

parking
....
el aparcamiento

gare
....
la estación de tren

rails
....
las vías

train
....
el tren

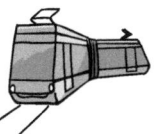

tramway
....
el tranvía

wagon
....
el vagón

hélicoptère

el helicóptero

aéroport

el aeropuerto

tour

la torre

passager

el pasajero

conteneur

el contenedor

carton

la caja de cartón

chariot

la carretilla

corbeille

la cesta

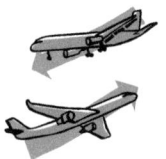

décoller / atterrir

despegar / aterrizar

ville

la ciudad

village

el pueblo

centre-ville

el centro de la ciudad

maison

la casa

10

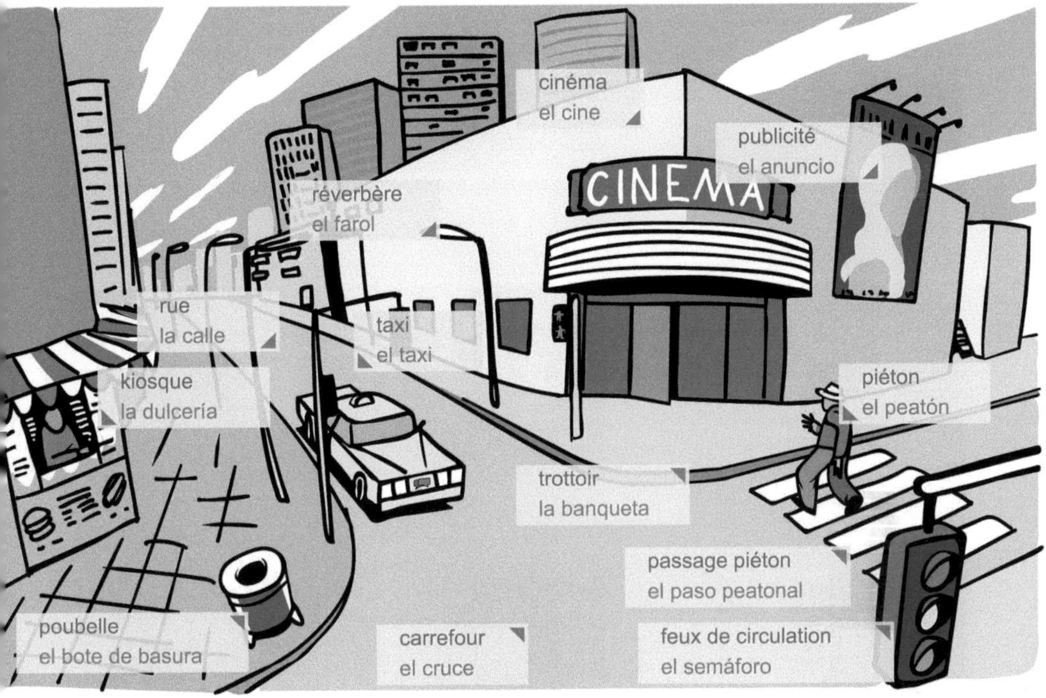

cinéma
el cine

publicité
el anuncio

réverbère
el farol

CINEMA

rue
la calle

taxi
el taxi

kiosque
la dulcería

piéton
el peatón

trottoir
la banqueta

passage piéton
el paso peatonal

poubelle
el bote de basura

carrefour
el cruce

feux de circulation
el semáforo

cabane

la cabaña

appartement

el apartamento

gare

la estación de tren

mairie

el ayuntamiento

musée

el museo

école

la escuela

université
la universidad

banque
el banco

hôpital
el hospital

hôtel
el hotel

pharmacie
la farmacia

bureau
la oficina

librairie
la librería

magasin
la tienda

fleuriste
la florería

supermarché
el supermercado

marché
el mercado

grand magasin
las grandes tiendas

poissonnerie
la pescadería

centre commercial
el centro comercial

port
el puerto

parc
el parque

banque
el banco

pont
el puente

escaliers
las escaleras

métro
el metro

tunnel
el túnel

arrêt de bus
la parada de autobús

bar
el bar

restaurant
el restaurante

boîte à lettres
el buzón

panneau indicateur
el letrero

parcmètre
el parquímetro

zoo
el zoológico

piscine
la alberca

mosquée
la mezquita

ferme
la granja

pollution
la contaminación

cimetière
el cementerio

église
la iglesia

aire de jeux
el área de niños

temple
el templo

paysage
el paisaje

feuille
la hoja

panneau indicateur
la señal

chemin
el camino

pré
la pradera

pierre
la piedra

randonneur
el caminante

arbre
el árbol

rivière
el río

herbe
el pasto

fleur
la flor

vallée
el valle

montagne
la montaña

lac
el lago

forêt
el bosque

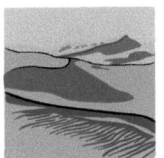

désert
el desierto

volcan
el volcán

château
el castillo

arc-en-ciel
el arco iris

champignon
el champiñón

palmier
la palmera

moustique
el mosquito

mouche
la mosca

fourmis
la hormiga

abeille
la abeja

araignée
la araña

coléoptère

el escarabajo

grenouille

la rana

écureuil

la ardilla

hérisson

el erizo

lièvre

la liebre

chouette

la lechuza

oiseau

el pájaro

cygne

el cisne

sanglier

el jabalí

cerf

el ciervo

élan

el alce

barrage

el embalse

éolienne

la turbina eólica

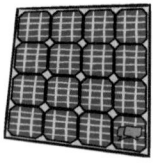

panneau solaire

el panel solar

climat

el clima

restaurant

el restaurante

serveur
el camarero
menu
el menú
chaise
la silla
soupe
la sopa
pizza
la pizza
couverts
los cubiertos
nappe
el mantel

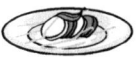

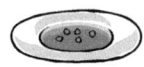

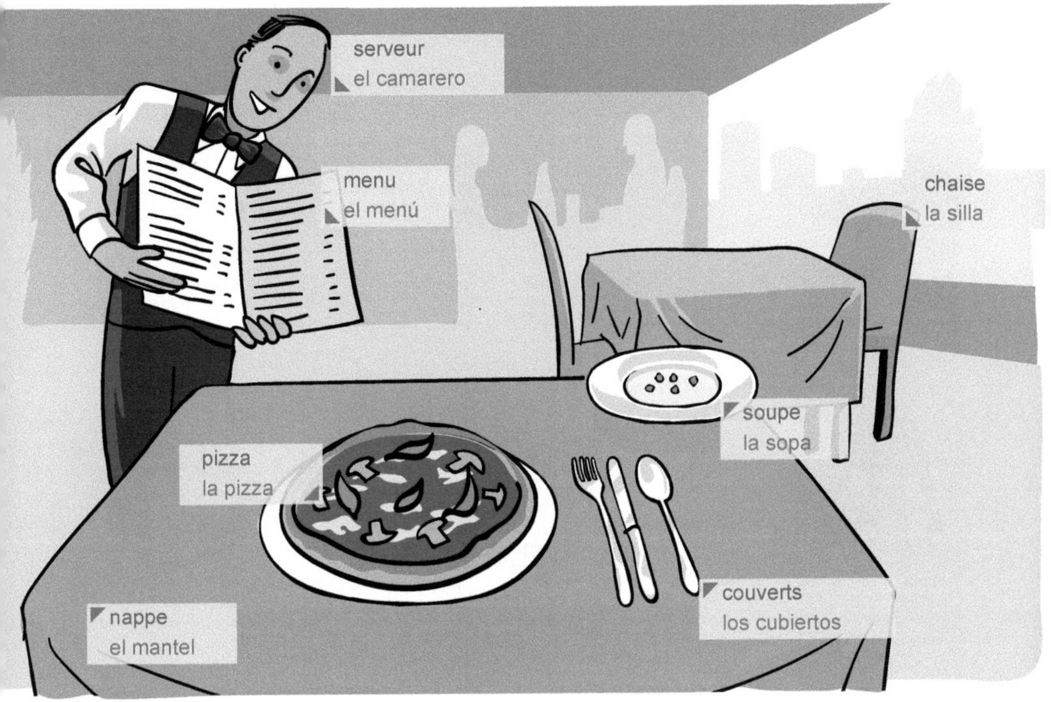

hors d'œuvre

la entrada

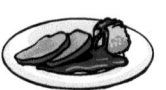

plat principal

el plato fuerte

dessert

el postre

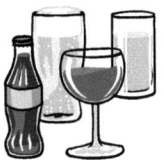

boissons

las bebidas

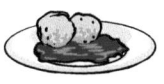

alimentation

la comida

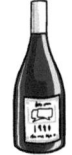

bouteille

la botella

fast-food

la comida rápida

plats à emporter

la comida de la calle

théière

la tetera

sucrier

la azucarera

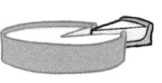

portion

la porción

machine à expresso

la cafetera espresso

chaise haute

la periquera

facture

la cuenta

plateau

la charola

couteau

el cuchillo

fourchette

el tenedor

cuillère

la cuchara

cuillère à thé

la cuchara de té

serviette

la servilleta

verre

el vaso

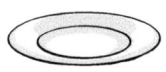

assiette

el plato

assiette à soupe

el plato hondo

soucoupe

el plato

sauce

la salsa

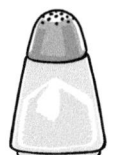

salière

el salero

moulin à poivre

el molino para pimienta

vinaigre

el vinagre

huile

el aceite

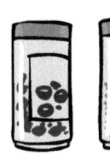

épices

las especias

ketchup

el kétchup

moutarde

la mostaza

mayonnaise

la mayonesa

supermarché
el supermercado

offre promotionnelle
la oferta especial
FOR
client
el cliente
produits laitiers
los productos lácteos
fruits
la fruta
chariot
el carrito para compras

BUTCHERS

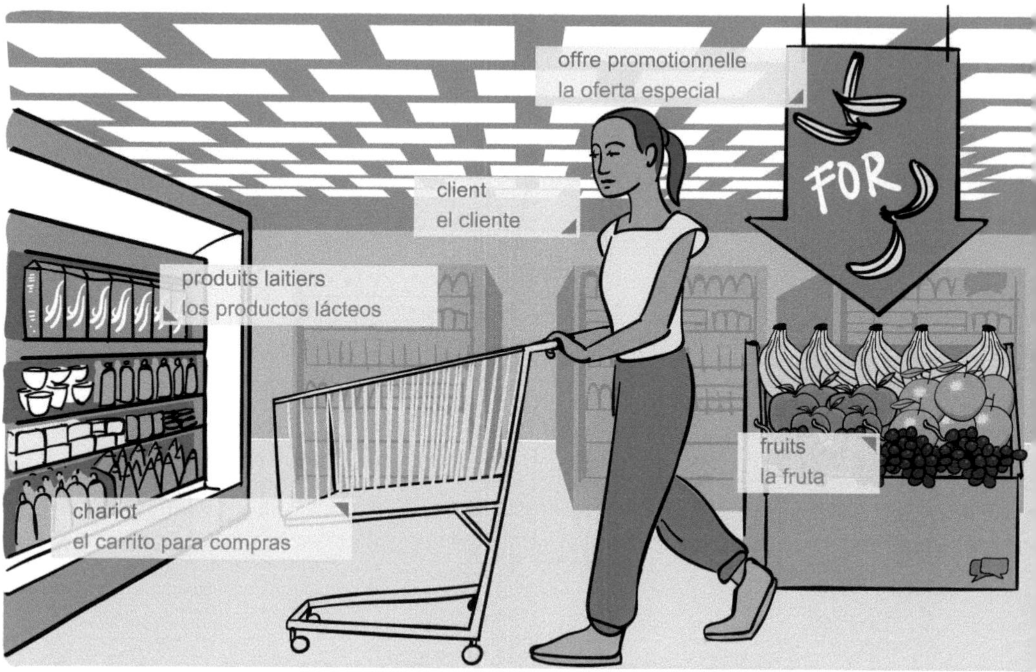

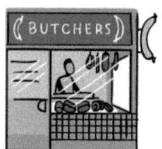

boucherie

la carnicería

BAKERY

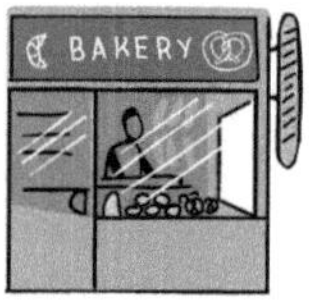

boulangerie

la panadería

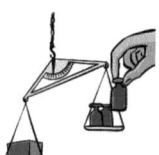

peser

pesar

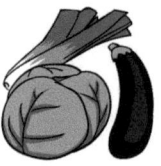

légumes

los vegetales

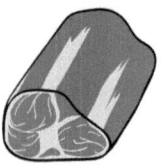

viande

la carne

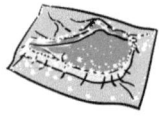

aliments surgelés

los alimentos congelados

charcuterie

las carnes frías

conserves

los alimentos enlatados

poudre à lessive

el detergente en polvo

bonbons

los dulces

articles ménagers

los electrodomésticos

détergents

productos de limpieza

vendeuse

la vendedora

caisse

la caja

caissier

el cajero

liste d'achats

la lista de compras

heures d'ouverture

el horario de atención al público

portefeuille

la cartera

carte de crédit

la tarjeta de crédito

sac

la bolsa

sac en plastique

la bolsa de plástico

eau
el agua

jus de fruit
el jugo

lait
la leche

coca
el refresco de cola

vin
el vino

bière
la cerveza

alcool
el alcohol

chocolat chaud
el cacao

thé
el té

café
el café

expresso
el espresso

cappuccino
el cappuccino

banane

el plátano

pomme

la manzana

orange

la naranja

melon

el melón

citron

el limón

carotte

la zanahoria

ail

el ajo

bambou

el bambú

oignon

la cebolla

champignon

el champiñón

noisettes

las nueces

pâtes

los fideos

spaghetti

los espaguetis

riz

el arroz

salade

la ensalada

pommes frites

las patatas fritas

pommes de terre rôties

las patatas fritas

pizza

la pizza

hamburger

la hamburguesa

sandwich

el emparedado

escalope

el filete

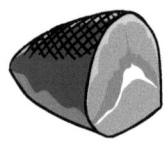

jambon

el jamón

salami

el salami

saucisse

la salchicha

poulet

el pollo

rôti

el asado

poisson

el pescado

flocons d'avoine

los copos de avena

muesli

el muesli

cornflakes

los copos de maíz

farine

la harina

croissant

el cuernito

petits-pains

el bolillo

pain

el pan

pain grillé

la tostada

biscuits

las galletas

beurre

la mantequilla

le fromage blanc

la cuajada

gâteau

el pastel

œuf

el huevo

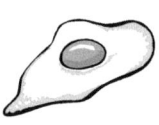

œuf au plat

el huevo frito

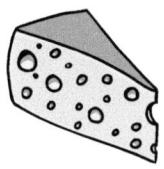

fromage

el queso

glace

el helado

sucre

el azúcar

miel

la miel

confiture

la mermelada

crème nougat

la crema de chocolate

curry

el curry

ferme
la granja

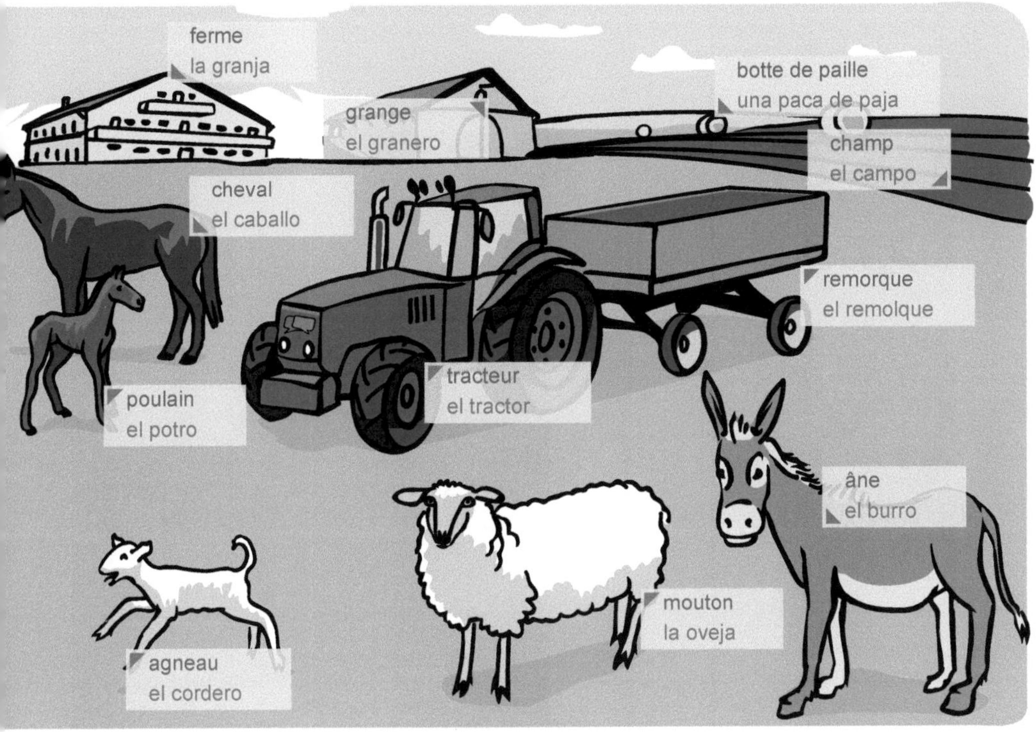

ferme
la granja
grange
el granero
botte de paille
una paca de paja
champ
el campo
cheval
el caballo
remorque
el remolque
poulain
el potro
tracteur
el tractor
âne
el burro
mouton
la oveja
agneau
el cordero

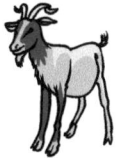

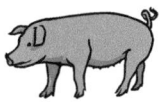

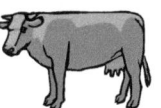

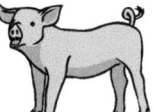

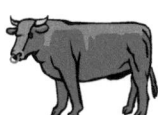

chèvre

la cabra

vache

la vaca

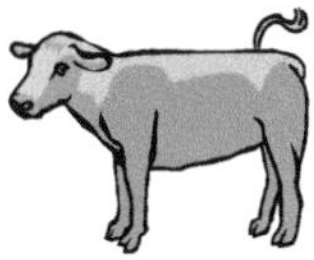

veau

el ternero

porc

el cerdo

porcelet

el lechón

taureau

el toro

oie

el ganso

canard

el pato

poussin

el pollo

poule

la gallina

coq

el gallo

rat

la rata

chat

el gato

souris

el ratón

bœuf

el buey

chien

el perro

chenil

la casa del perro

tuyau de jardin

la manguera

arrosoir

la regadera

faucheuse

la guadaña

charrue

el arado

faucille
la hoz

pioche
el azadón

fourche
la horquilla

hache
el hacha

brouette
la carretilla

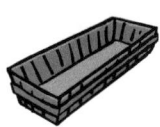

cuve
el bebedero

pot à lait
el bote de leche

sac
el saco

clôture
la valla

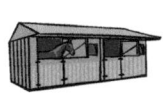

étable
el establo

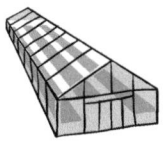

serre
el invernadero

sol
el suelo

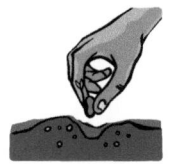

semences
la semilla

engrais
el fertilizador

moissonneuse-batteuse
la cosechadora

récolter
cosechar

récolte
la cosecha

igname
el camote

blé
el trigo

soja
la soja

pomme de terre
la patata

maïs
el maíz

colza
la semilla de colza

arbre fruitier
el árbol frutal

manioc
la mandioca

céréales
las cereales

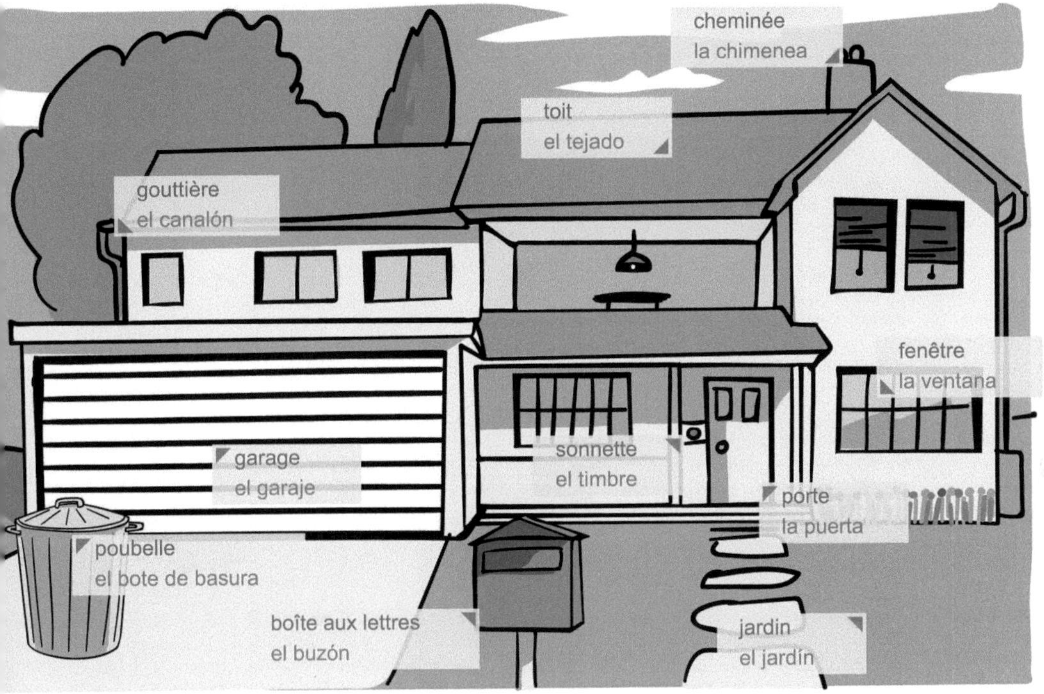

cheminée
la chimenea

toit
el tejado

gouttière
el canalón

fenêtre
la ventana

garage
el garaje

sonnette
el timbre

porte
la puerta

poubelle
el bote de basura

boîte aux lettres
el buzón

jardin
el jardín

salon
la estancia

salle de bain
el baño

cuisine
la cocina

chambre à coucher
la recámara

chambre d'enfant
la recámara de los niños

salle à manger
el comedor

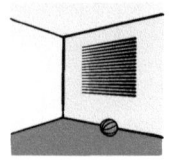

sol

el suelo

mur

la pared

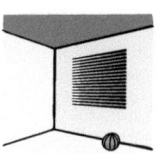

plafond

el techo

cave

el sótano

sauna

el sauna

balcon

el balcón

terrasse

la terraza

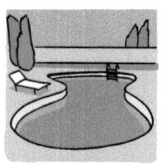

piscine

la alberca

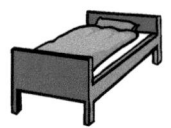

tondeuse à gazon

el cortacésped

housse

la sábana

couette

la colcha

lit

la cama

balai

la escoba

sceau

el balde

interrupteur

el interruptor

salon
la estancia

papier peint
el papel para empapelar
image
la imagen
lampe
la lámpara
étagère
el estante
armoire
la alacena
télé
la televisión
cheminée
la chimenea
fleur
la flor
coussin
el cojín
sofa
el sofá
vase
el florero
télécommande
el control remoto

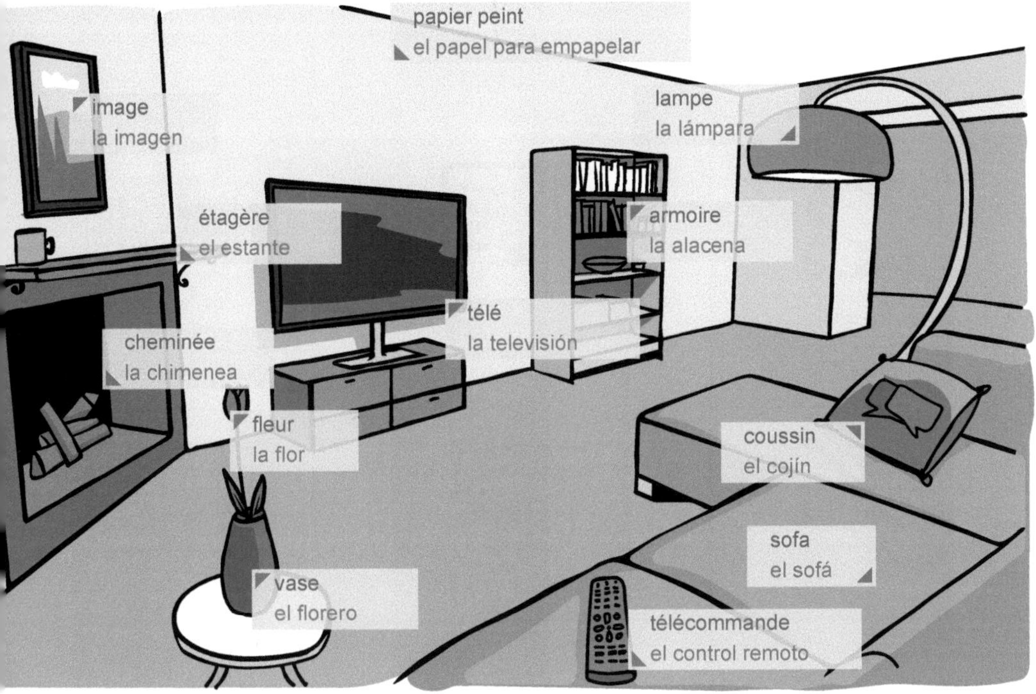

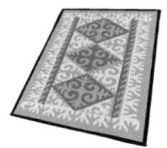

tapis
la alfombra

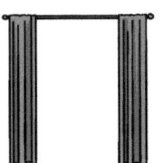

rideau
la cortina

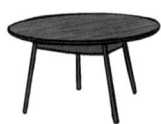

table
la mesa

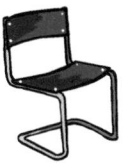

chaise
la silla

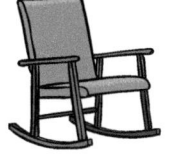

chaise à bascule
la mecedora

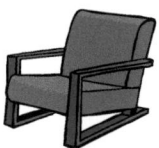

fauteuil
el sillón

livre
el libro

couverture
la frazada

décoration
la decoración

bois de chauffage
la leña

film
la película

chaîne hi-fi
el equipo de música

clé
la llave

journal
el periódico

peinture
la pintura

poster
el póster

radio
la radio

bloc-notes
el cuaderno

aspirateur
la aspiradora

cactus
el cactus

bougie
la vela

cuisine
la cocina

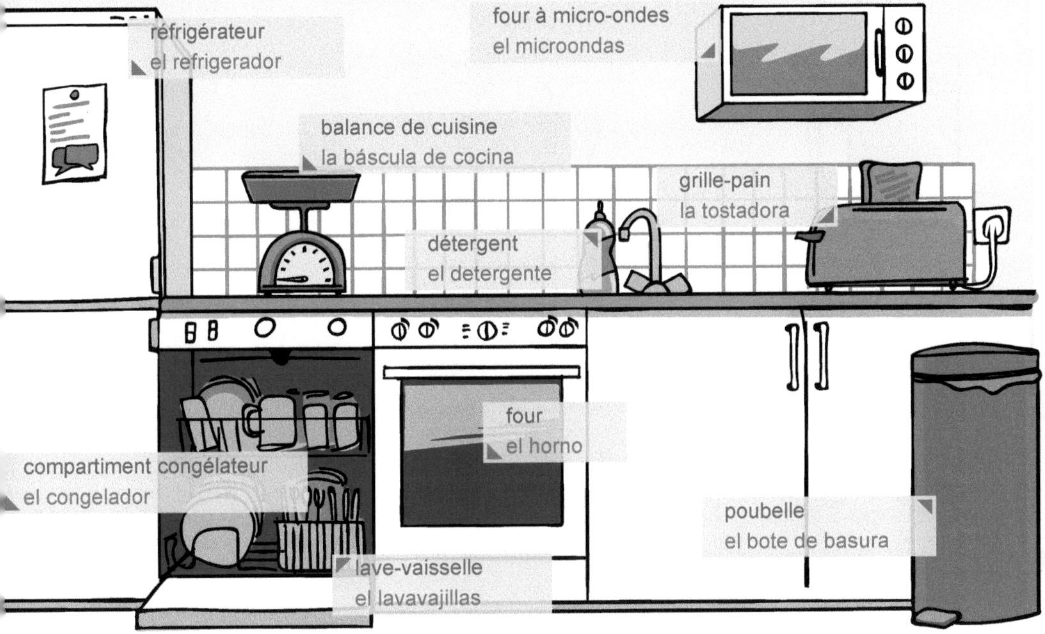

réfrigérateur
el refrigerador
four à micro-ondes
el microondas
balance de cuisine
la báscula de cocina
grille-pain
la tostadora
détergent
el detergente
four
el horno
compartiment congélateur
el congelador
poubelle
el bote de basura
lave-vaisselle
el lavavajillas

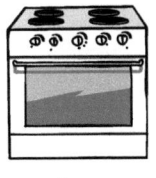

four
....
la olla a presión

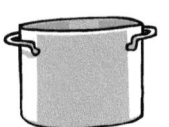

casserole
....
la olla

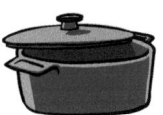

marmite
....
la olla de hierro fundido

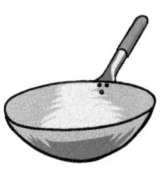

wok / kadai
....
el wok

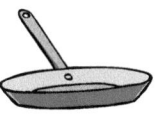

poêle
....
la sartén

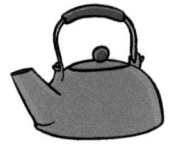

bouilloire electrique
....
el hervidor

cuiseur vapeur

la vaporera

plaque de cuisson

la charola de horno

vaisselle

la loza

gobelet

la taza

coupe

el bol

baguettes

los palillos

louche

el cucharón

spatule

la espátula

fouet

la batidora

passoire

el colador

tamis

el colador

râpe

el rallador

mortier

el mortero

barbecue

la barbacoa

cheminée

la fogata

planche à découper

la tabla para picar

rouleau à pâtisserie

\el rodillo para amasar

tire-bouchon

el sacacorchos

boîte

la lata

ouvre-boîte

el abrelatas

maniques

el guante de cocina

lavabo

el fregadero

brosse

el cepillo

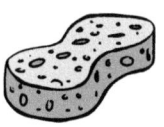

éponge

la esponja

mixeur

la batidora

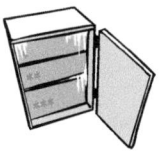

congélateur

el congelador

biberon

el biberón

robinet

la llave

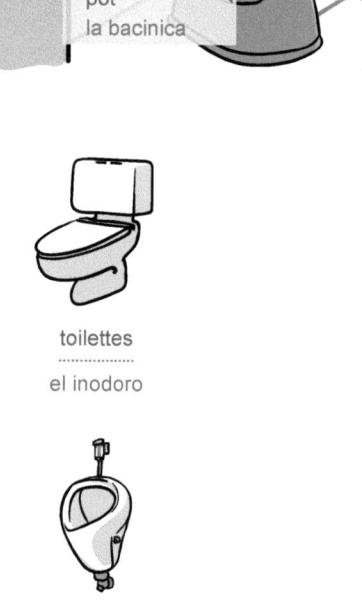

salle de bain
el baño

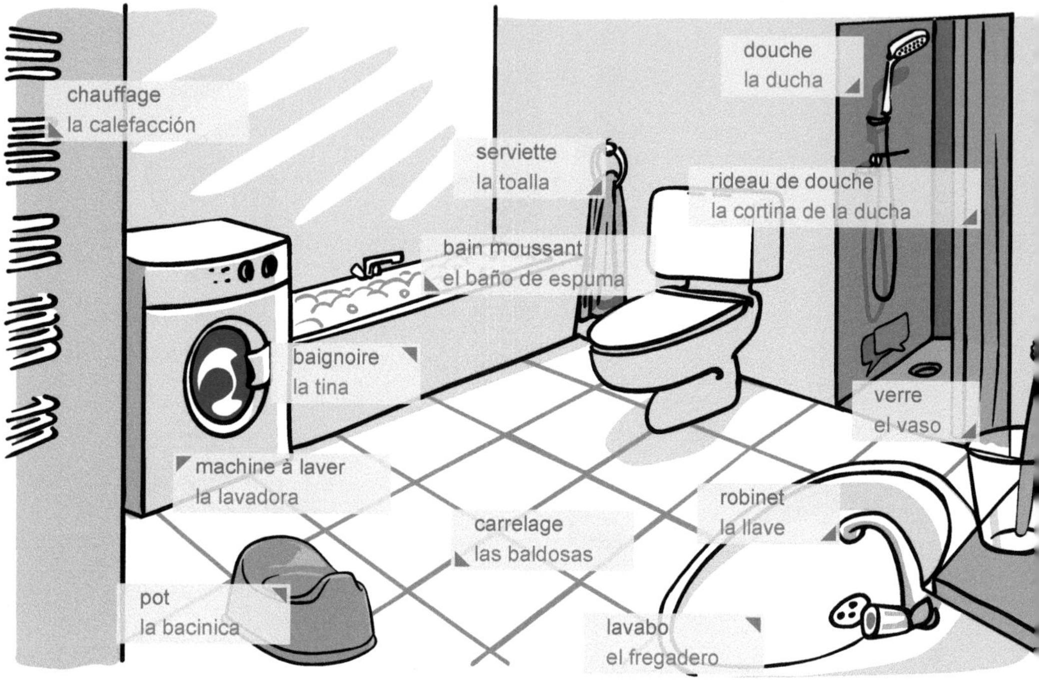
douche
la ducha
chauffage
la calefacción
serviette
la toalla
rideau de douche
la cortina de la ducha
bain moussant
el baño de espuma
baignoire
la tina
verre
el vaso
machine à laver
la lavadora
robinet
la llave
carrelage
las baldosas
pot
la bacinica
lavabo
el fregadero

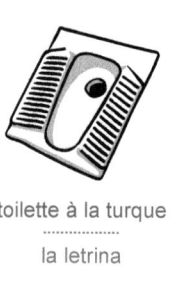

toilettes

el inodoro

toilette à la turque

la letrina

bidet

el bidé

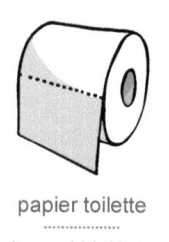

urinoir

el mingitorio

papier toilette

el papel higiénico

brosse à toilette

el cepillo para baño

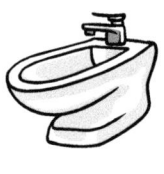

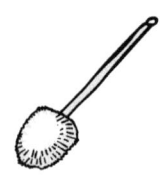

brosse à dents

el cepillo de dientes

dentifrice

la pasta dental

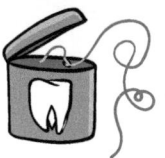

fil dentaire

el hilo dental

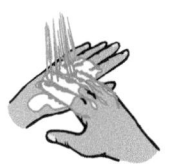

laver

lavar

douche manuelle

la ducha de mano

douche intime

la ducha vaginal

vasque

el fregadero

brosse dorsale

el cepillo de espalda

savon

el jabón

gel douche

el gel de ducha

shampooing

el champú

gant de toilette

la toallita

écoulement

el drenaje

crème

la crema

déodorant

el desodorante

miroir

el espejo

miroir cosmétique

el espejo de tocador

rasoir

la máquina para afeitar

mousse à raser

la espuma de afeitar

après-rasage

la loción para después de afeitar

peigne

el peine

brosse

el cepillo

sèche-cheveux

la secadora

laque pour cheveux

la laca

fond de teint

el maquillaje

rouge à lèvres

el lápiz labial

vernis à ongles

el esmalte para uñas

ouate

el algodón

coupe-ongles

las tijeras para uñas

parfum

el perfume

trousse de toilette

estuche para cosméticos

tabouret

el taburete

pèse-personne

la báscula

peignoir

la bata

gants de nettoyage

los guantes de goma

tampon

el tampón

serviettes hygiéniques

la toalla sanitaria

toilette chimique

el baño móvil

chambre d'enfant
la recámara de los niños

réveil
el despertador
doudou
el peluche
voiture jouet
el carro de juguete
hochet
la sonaja
maison de poupée
la casa de muñecas
cadeau
el regalo

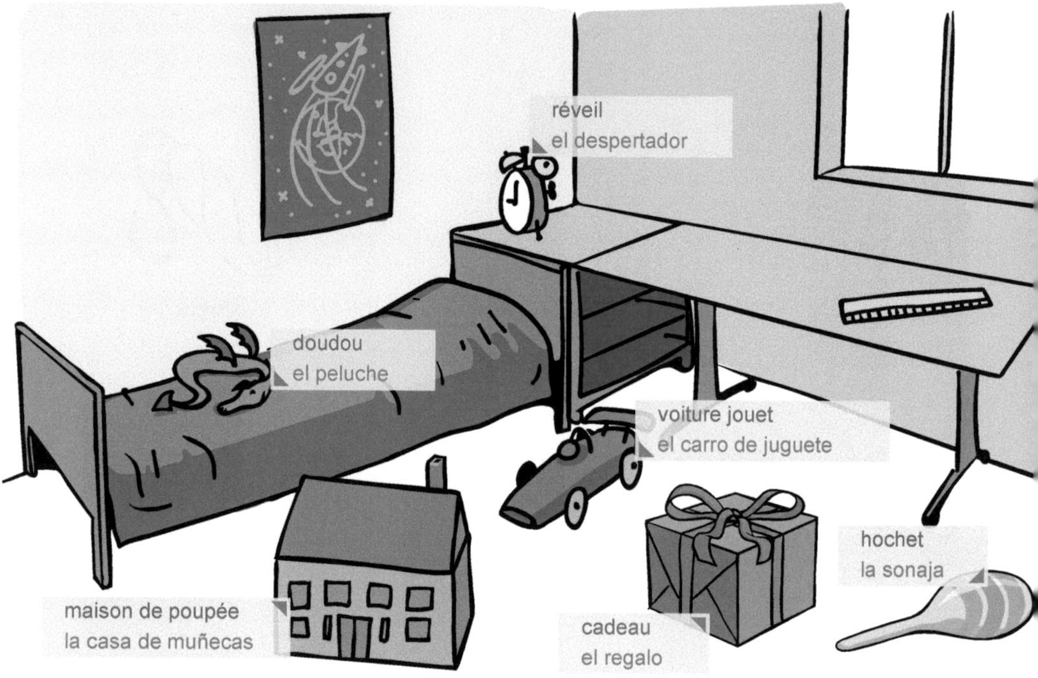

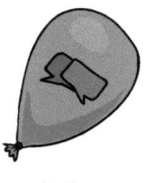

ballon

el globo

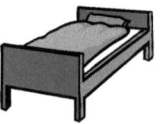

lit

la cama

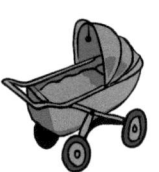

poussette

la carriola

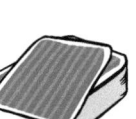

jeu de cartes

las cartas

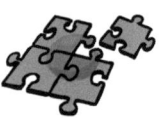

puzzle

el rompecabezas

SUPER
MEGA

bande dessinée

el cómic

pièces lego

las piezas de lego

blocs de construction

los bloques para jugar

figurine

la figura de acción

grenouillère

el mameluco

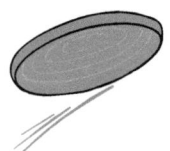

frisbee

el frisbee

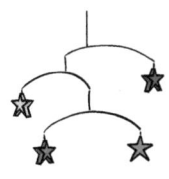

mobile

el móvil para bebés

jeu de société

el juego de mesa

dé

los dados

train miniature

el tren eléctrico

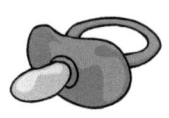

sucette

el maniquí

fête

la fiesta

livre d'images

el álbum de fotos

balle

el balón

poupée

la muñeca

jouer

jugar

bac à sable

el arenero

balançoire

el columpio

jouets

los juguetes

console de jeu

la consola de videojuegos

tricycle

el triciclo

ours en peluche

el oso de peluche

armoire

el clóset

vêtements

la ropa

chaussettes

los calcetines

bas

las pantimedias

collant

las mallas

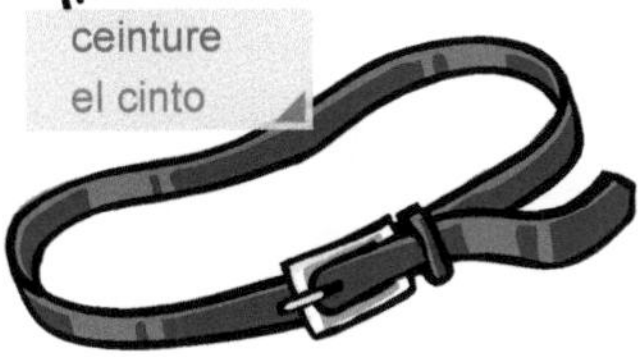

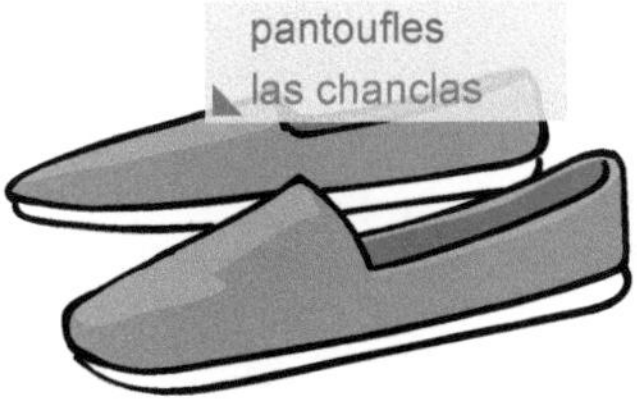

écharpe
la bufanda

parapluie
el paraguas

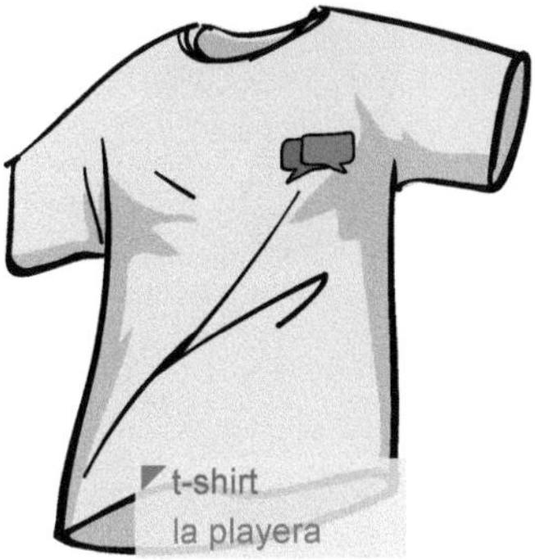

ceinture
el cinto

t-shirt
la playera

bottes
las botas

pantoufles
las chanclas

baskets
los tenis

sandales
las sandalias

chaussures
los zapatos

bottes de caoutchouc
las botas de goma

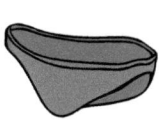

sous-vêtements
la ropa interior

soutien-gorge
el brasier

maillot de corps
el chaleco

body
el body

pantalon
los pantalones

jean
los pantalones de mezclilla

jupe
la falda

chemisier
la blusa

chemise
la camisa

pull
el suéter

sweat à capuche
la sudadera

veste
el saco sport

veste
la chamarra

manteau
el abrigo

imperméable
el impermeable

costume
el traje

robe
el vestido

robe de mariée
el vestido de novia

vêtements - la ropa

costume
....
el traje

chemise de nuit
....
el camisón

pyjama
....
el pijama

sari
....
el sari

foulard
....
el pañuelo para la cabeza

turban
....
el turbante

burqa
....
la burka

caftan
....
el caftán

abaya
....
la abaya

maillot de bain
....
el traje de baño

maillot de bain
....
el short de baño

short
....
los shorts

tenue d'entraînement
....
los pants

tablier
....
el delantal

gants
....
los guantes

bouton

el botón

lunettes

las gafas

bracelet

el brazalete

collier

el collar

bague

el anillo

boucle d'oreille

el arete

bonnet

la gorra

cintre

el gancho

chapeau

el sombrero

cravate

la corbata

fermeture éclair

el cierre

casque

el casco

bretelles

los tirantes

uniforme scolaire

el uniforme

uniforme

el uniforme

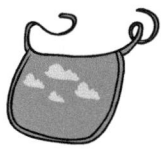

bavoir

el babero

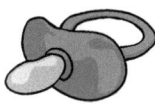

sucette

el maniquí

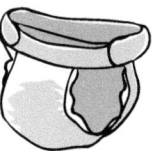

lange

el pañal

bureau
la oficina

serveur
el servidor
armoire d'archivage
el archivo
imprimante
la impresora
papier
el papel
écran
el monitor
souris
el mouse
bureau
el escritorio
classeur
la carpeta
clavier
el teclado
chaise
la silla
corbeille à papier
el bote de basura
ordinateur
la computadora

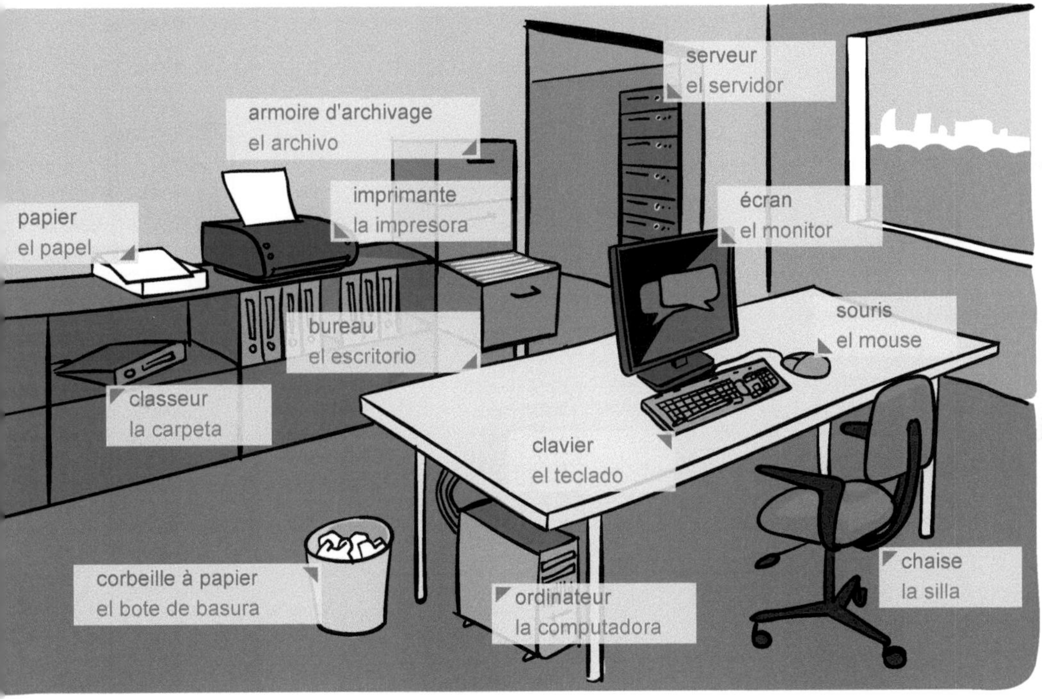

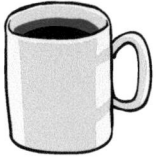

tasse de café

la taza de café

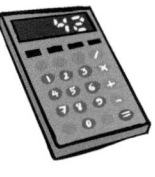

calculatrice

la calculadora

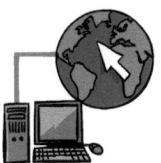

internet

el internet

ordinateur portable

la notebook

lettre

la carta

message

el mensaje

portable

el móvil

réseau

la red

photocopieuse

la fotocopiadora

logiciel

el software

téléphone

el teléfono

prise

el tomacorriente

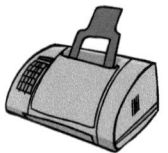

fax

el fax

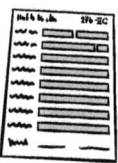

formulaire

el formulario

document

el documento

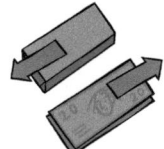

acheter

comprar

payer

pagar

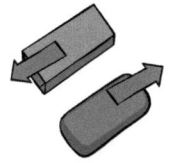

faire du commerce

hacer negocios

monnaie

el dinero

dollar

el dólar

euro

el euro

yen

el yen

rouble

el rublo

franc suisse

el franco suizo

renminbi yuan

el yuan

roupie

la rupia

distributeur automatique

el cajero automático

bureau de change
la casa de cambio

or
el oro

argent
la plata

pétrole
el petróleo

énergie
la energía

prix
el precio

contrat
el contrato

taxe
el impuesto

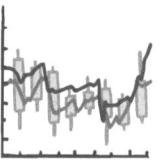

action
la acción

travailler
trabajar

employé
el empleado

employeur
el empleador

usine
la fábrica

magasin
la tienda

professions
las ocupaciones

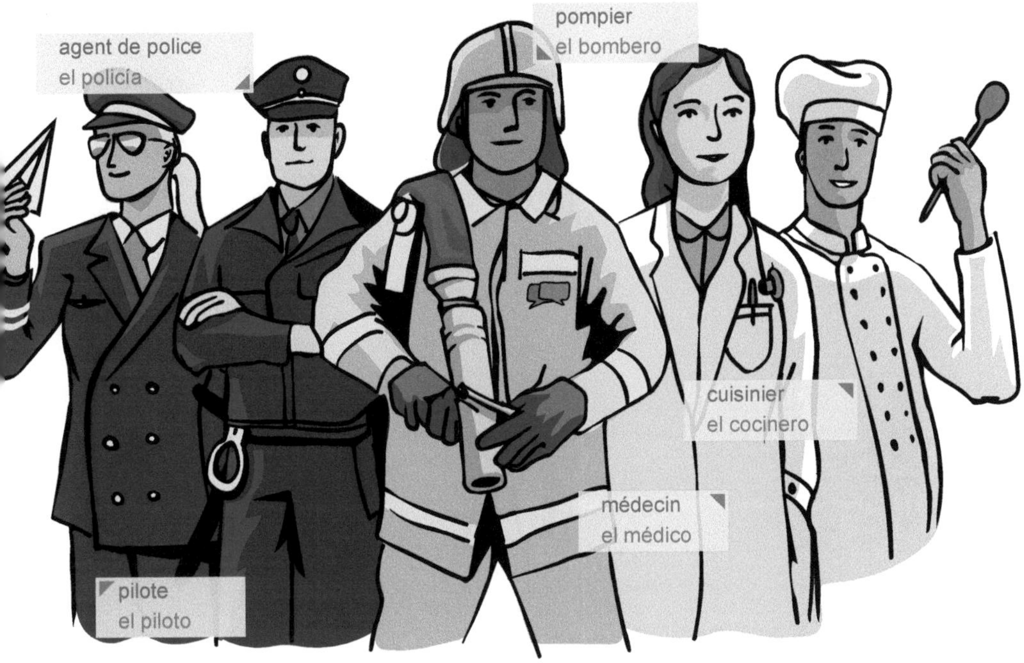
agent de police
el policía
pompier
el bombero
cuisinier
el cocinero
médecin
el médico
pilote
el piloto

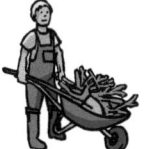

jardinier

el jardinero

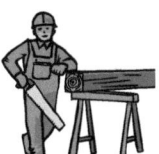

menuisier

el carpintero

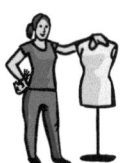

couturière

la costurera

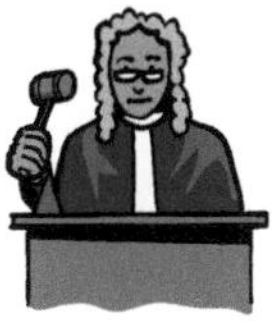

juge

el juez

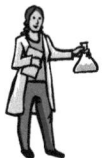

chimiste

el farmacéutico

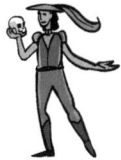

acteur

el actor

conducteur de bus

el conductor de autobús

chauffeur de taxi

el taxista

pêcheur

el pescador

femme de ménage

la señora de la limpieza

couvreur

el instalador de techos

serveur

el camarero

chasseur

el cazador

peintre

el pintor

boulanger

el panadero

électricien

el electricista

ouvrier

el obrero

ingénieur

el ingeniero

boucher

el carnicero

plombier

el plomero

facteur

el cartero

soldat
el soldado

architecte
el arquitecto

caissier
el cajero

fleuriste
el florista

coiffeur
el peluquero

contrôleur
el cobrador

mécanicien
el mecánico

capitaine
el capitán

dentiste
el dentista

scientifique
el científico

rabbin
el rabino

imam
el imán

moine
el monje

prêtre
el sacerdote

outils
las herramientas

marteau
el martillo
pinces
la pinza
tournevis
el desarmador
clé
la llave
torche
la linterna

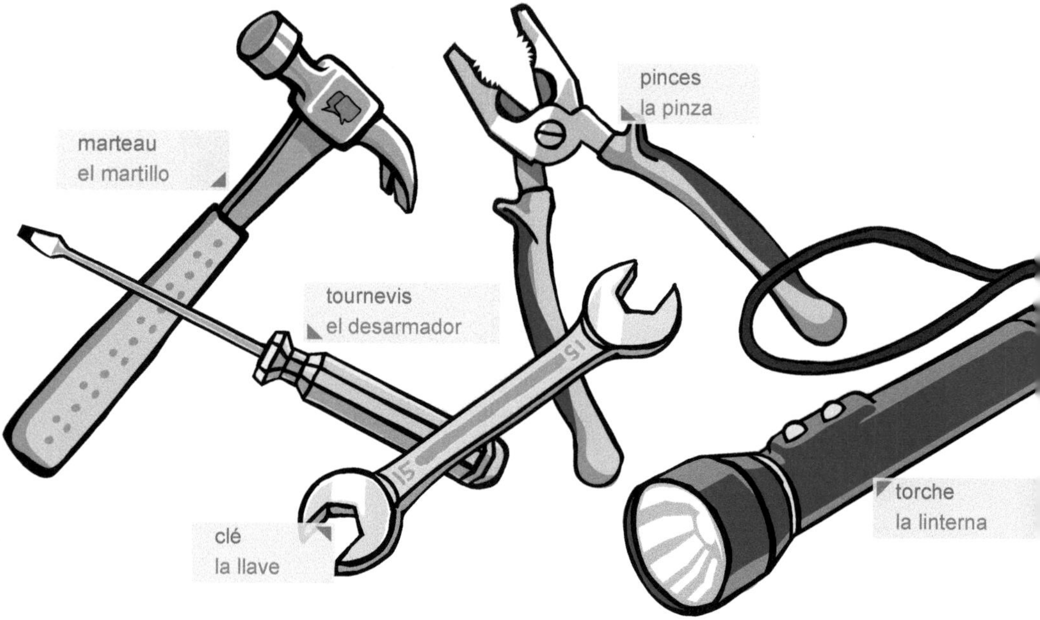

pelleteuse

la excavadora

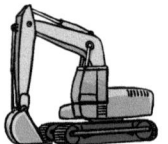

boîte à outils

la caja de herramientas

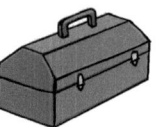

échelle

la escalera de mano

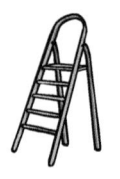

scie

la sierra

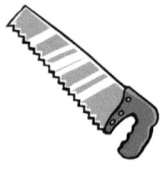

clous

los clavos

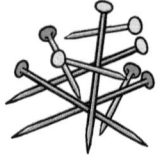

perceuse

el taladro

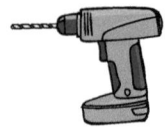

réparer

reparar

pelle

la pala

Mince !

¡Maldición!

pelle

el recogedor

pot de peinture

el bote de pintura

vis

los tornillos

instruments de musique
los instrumentos musicales

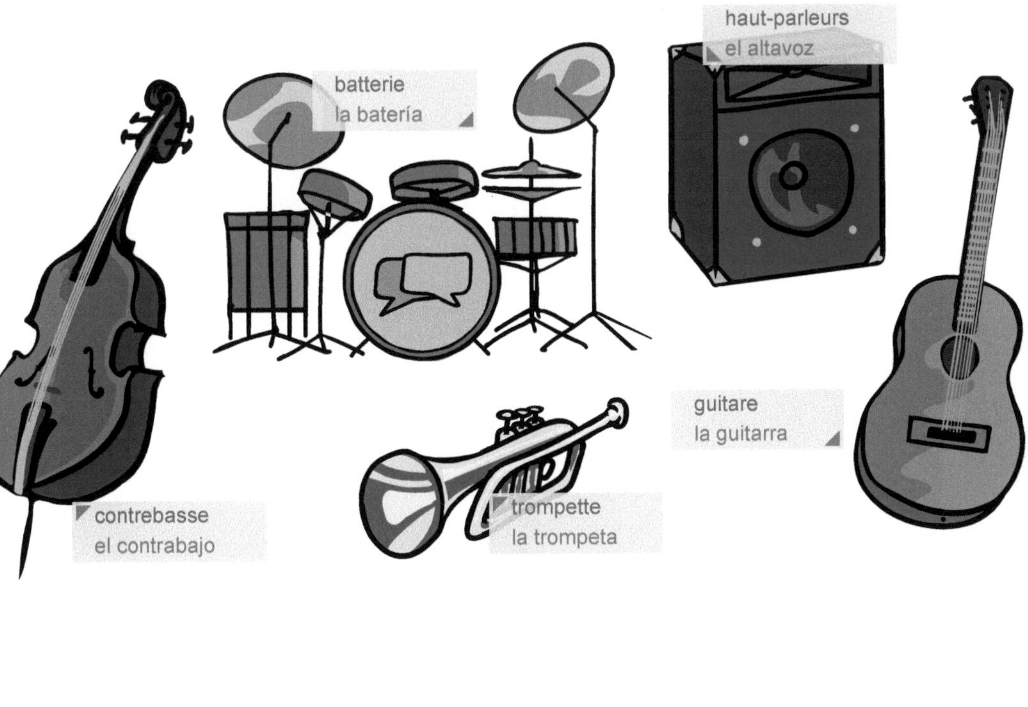

haut-parleurs
el altavoz

batterie
la batería

contrebasse
el contrabajo

trompette
la trompeta

guitare
la guitarra

piano

el piano

violon

el violín

basse

el bajo

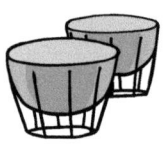

timbales

los timbales

tambour

el tambor

piano électrique

el teclado

saxophone

el saxofón

flûte

la flauta

microphone

el micrófono

el zoológico

tigre
el tigre

entrée
la entrada

cage
la jaula

zèbre
la cebra

alimentation animale
el alimento para ánimales

panda
el oso panda

animaux

los animales

éléphant

el elefante

kangourou

el canguro

rhinocéros

el rinoceronte

gorille

el gorila

ours

el oso

chameau

el camello

autruche

el avestruz

lion

el león

singe

el mono

flamand rose

el flamenco

perroquet

el loro

ours polaire

el oso polar

pingouin

el pingüino

requin

el tiburón

paon

el pavo real

serpent

la serpiente

crocodile

el cocodrilo

gardien de zoo

el guardián de zoológico

phoque

la foca

jaguar

el jaguar

poney
el poni

léopard
el leopardo

hippopotame
el hipopótamo

girafe
la jirafa

aigle
el águila

sanglier
el jabalí

poisson
el pescado

tortue
la tortuga

morse
la morsa

renard
el zorro

gazelle
la gacela

sports
los deportes

american Football
el fútbol americano

cyclisme
el ciclismo

tennis
el tenis

basket-ball
el baloncesto

natation
la natación

boxe
el boxeo

hockey sur glace
el hockey sobre hielo

football
el fútbol

badminton
el bádminton

athlétisme
el atletismo

handball
el handball

ski
el esquí

polo
el polo

activités
las actividades

rire
reír
sauter
saltar
embrasser
abrazar
marcher
caminar
chanter
cantar
rêver
soñar
prier
rezar
faire la bise
besar

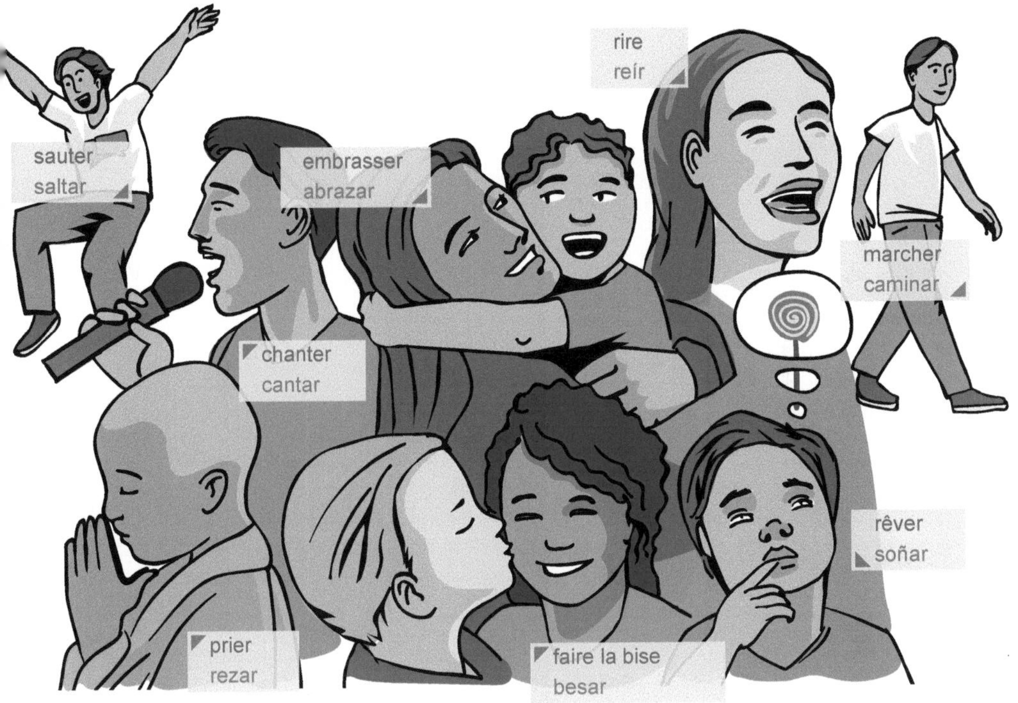

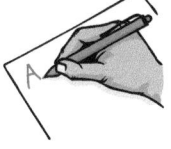

écrire
escribir

dessiner
dibujar

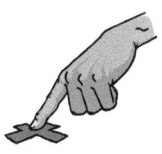

montrer
mostrar

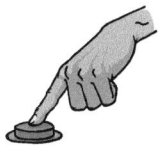

pousser
empujar

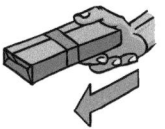

donner
dar

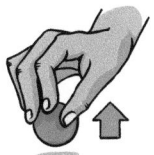

prendre
tomar

avoir

tener

faire

hacer

être

ser

être debout

estar parado

courir

correr

trier

jalar

jeter

arrojar

tomber

caer

être couché

estar acostado

attendre

esperar

porter

llevar

être assis

estar sentado

s'habiller

vestirse

dormir

dormir

se réveiller

despertar

regarder

mirar

pleurer

llorar

caresser

acariciar

peigner

peinar

parler

hablar

comprendre

entender

demander

preguntar

écouter

escuchar

boire

beber

manger

comer

ranger

ordenar

aimer

amar

cuire

cocinar

conduire

conducir

voler

volar

activités - las actividades

faire de la voile

navegar

calculer

calcular

lire

leer

apprendre

aprender

travailler

trabajar

se marier

casarse

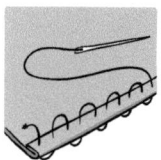

coudre

coser

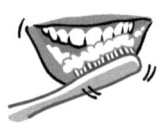

brosser les dents

cepillarse los dientes

tuer

matar

fumer

fumar

envoyer

enviar

famille

la familia

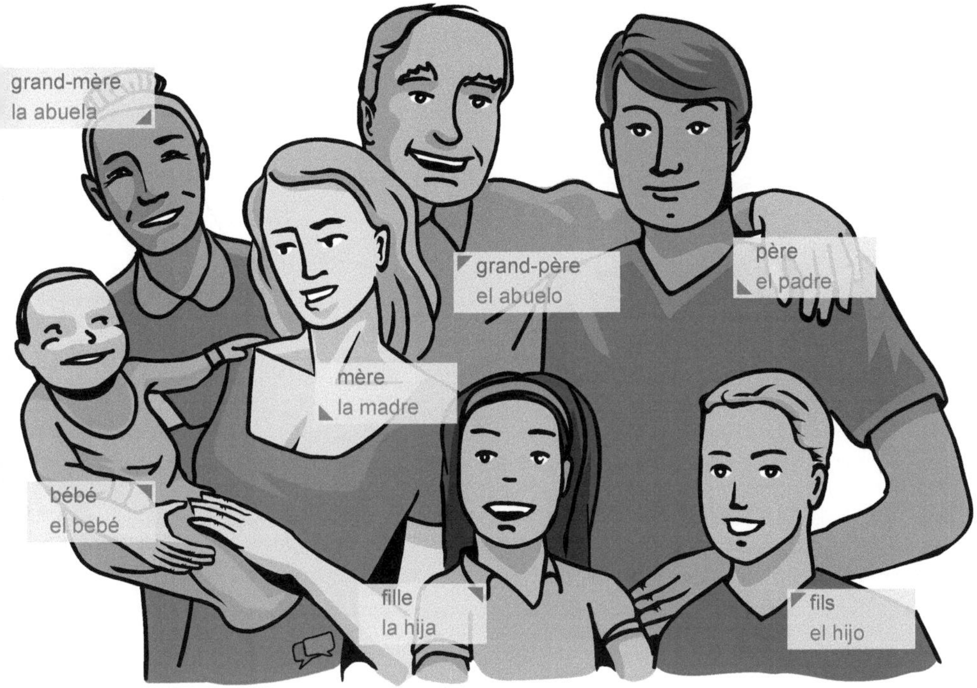

grand-mère
la abuela
grand-père
el abuelo
père
el padre
mère
la madre
bébé
el bebé
fille
la hija
fils
el hijo

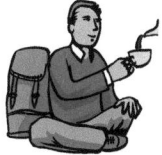

hôte

el invitado

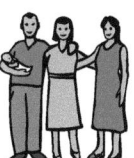

tante

la tía

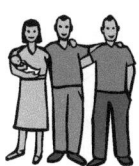

oncle

el tío

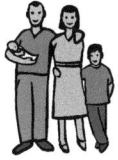

frère

el hermano

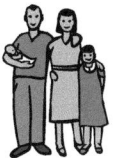

sœur

la hermana

corps
el cuerpo

front
la frente
œil
el ojo
épaule
el hombro
doigt
el dedo
visage
la cara
menton
la barbilla
main
la mano
jambe
la pierna
poitrine
el pecho
bras
el brazo

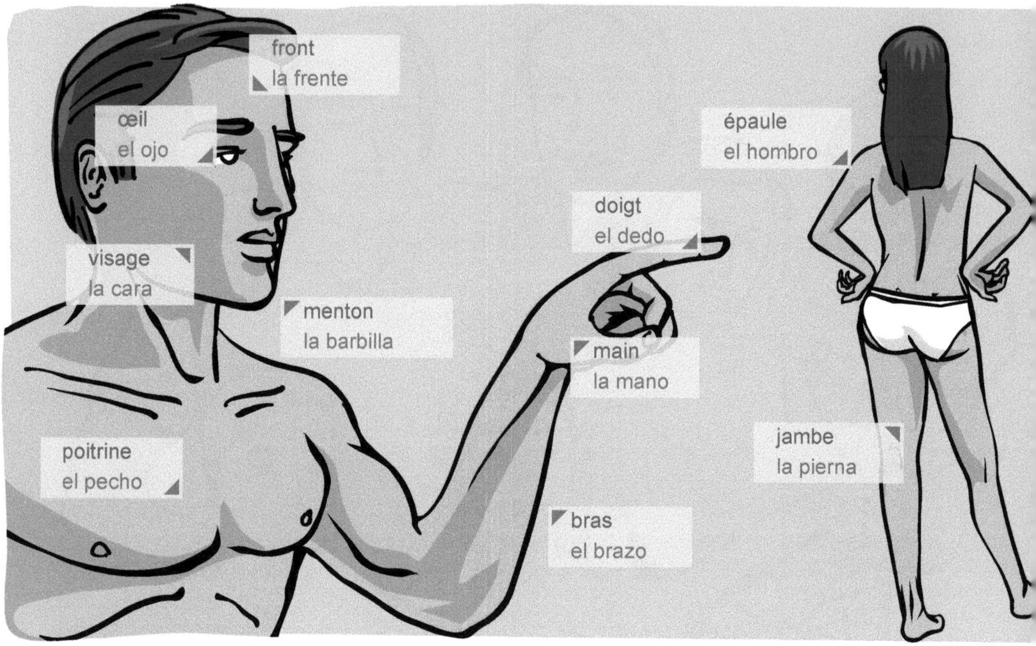

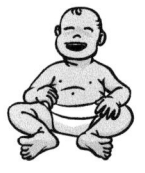

bébé

el bebé

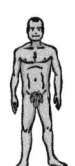

homme

el hombre

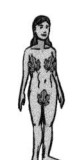

femme

la mujer

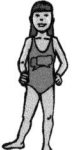

fille

la niña

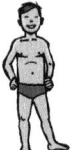

garçon

el niño

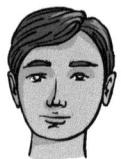

tête

la cabeza

dos
....
la espalda

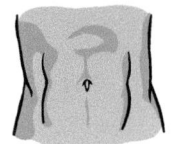

ventre
....
la barriga

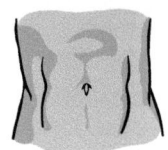

nombril
....
el ombligo

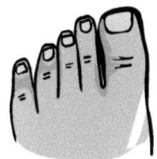

orteil
....
el dedo del pie

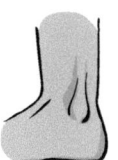

talon
....
el talón

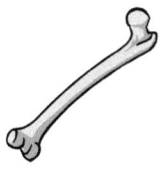

os
....
el hueso

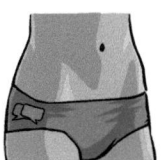

hanche
....
la cadera

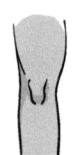

genou
....
la rodilla

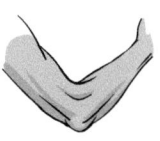

coude
....
el codo

nez
....
la nariz

fesses
....
las pompis

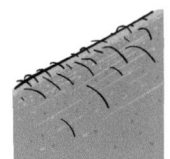

peau
....
la piel

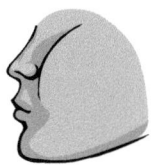

joue
....
la mejilla

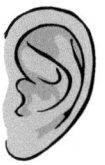

oreille
....
el oído

lèvre
....
el labio

bouche

la boca

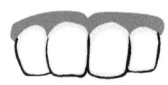

dent

el diente

langue

la lengua

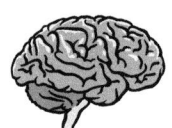

cerveau

el cerebro

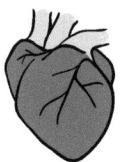

cœur

el corazón

muscle

el músculo

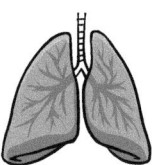

poumons

el pulmón

foie

el hígado

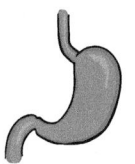

estomac

el estómago

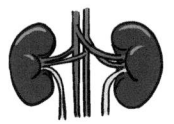

reins

los riñones

rapport sexuel

el sexo

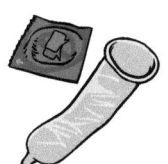

préservatif

el condón

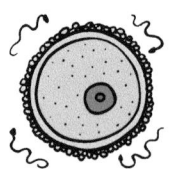

ovule

el óvulo

sperme

el semen

grossesse

el embarazo

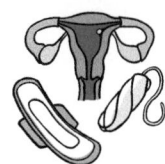

menstruation

la menstruación

vagin

la vagina

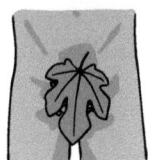

pénis

el pene

sourcil

la ceja

cheveux

el cabello

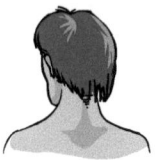

cou

el cuello

hôpital
el hospital

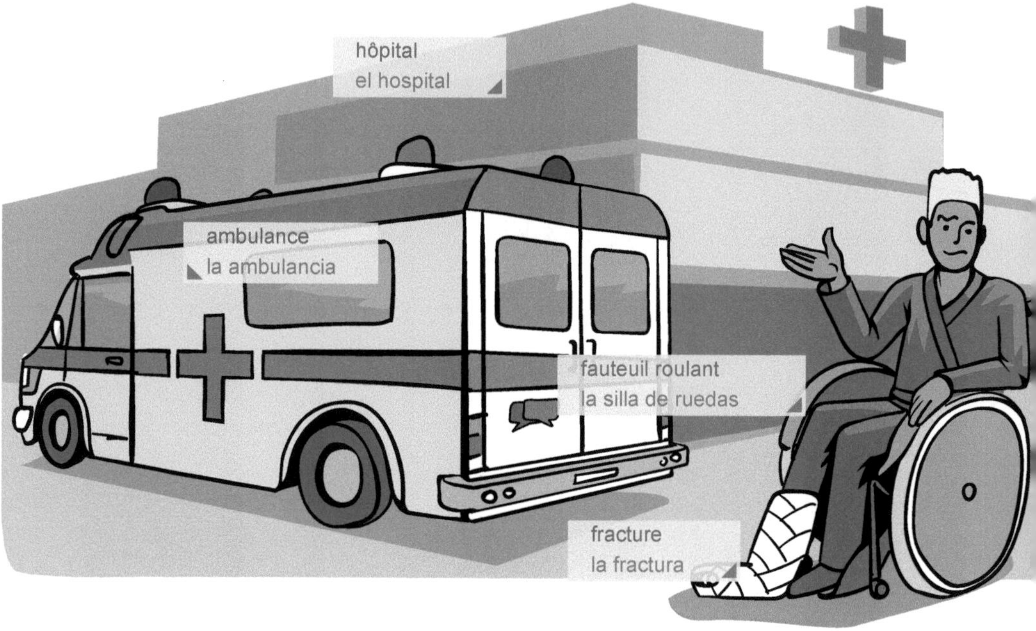

hôpital
el hospital
ambulance
la ambulancia
fauteuil roulant
la silla de ruedas
fracture
la fractura

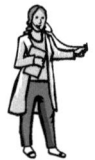

médecin
el médico

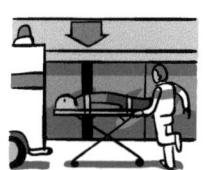

service des urgences
la sala de emergencias

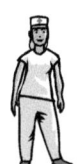

infirmière
la enfermera

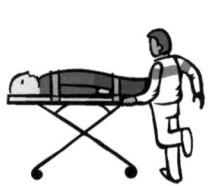

urgence
la emergencia

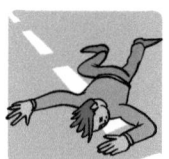

inconscient
inconsciente

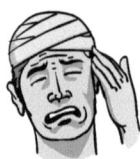

douleur
el dolor

blessure

la lesión

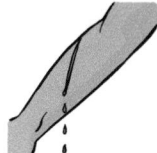

hémorragie

la hemorragia

crise cardiaque

el infarto

attaque cérébrale

el accidente
cerebrovascular

allergie

la alergia

toux

la tos

fièvre

la fiebre

grippe

la gripa

diarrhée

la diarrea

mal de tête

el dolor de cabeza

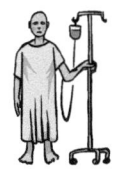

cancer

el cáncer

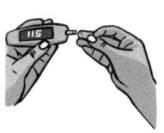

diabète

la diabetes

chirurgien

el cirujano

scalpel

el bisturí

opération

la operación

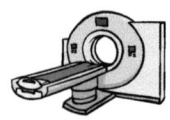

CT

TC

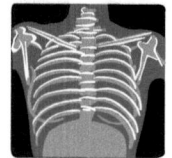

radiographie

los rayos x

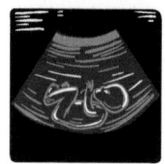

échographie

el ultrasonido

masque

la mascarilla

maladie

la enfermedad

salle d'attente

la sala de espera

béquille

la muleta

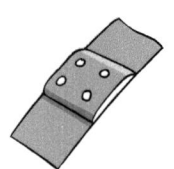

pansement

la vendita

pansement

el vendaje

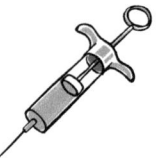

injection

la inyección

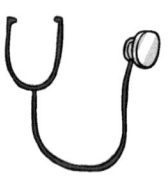

stéthoscope

el estetoscopio

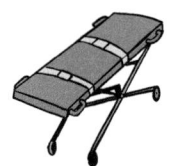

brancard

la camilla

thermomètre

el termómetro

accouchement

el nacimiento

surcharge pondérale

el sobrepeso

appareil auditif

el audífono

désinfectant

el desinfectante

infection

la infección

virus

el virus

VIH / sida

VIH / SIDA

médicament

la medicina

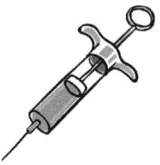

vaccination

la vacunación

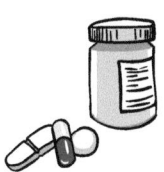

comprimés

las tabletas

pilule

la pastilla anticonceptiva

appel d'urgence

la llamada de emergencia

tensiomètre

el medidor de presión

malade / sain

enfermo / sano

Au secours !
¡Socorro!

alarme
la alarma

assaut
la agresión

attaque
el ataque

danger
el peligro

sortie de secours
la salida de emergencia

Au feu!
¡Fuego!

extincteur
el extintor de incendios

accident
el accidente

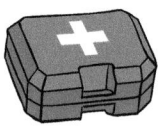

trousse de premier secours

el botiquín de primeros
auxilios

SOS
SOS

police
la policía

Europe

Europa

Amérique du Nord

Norteamérica

Amérique du Sud

Sudamérica

Afrique

África

Asie

Asia

Australie

Australia

Océan atlantique

el Atlántico

Océan pacifique

el Pacífico

Océan indien

el Océano Índico

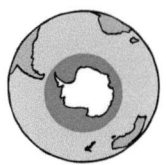

Océan antarctique

el Océano Antártico

Océan arctique

el Océano Ártico

pôle nord

el polo norte

pôle sud

el polo sur

Antarctique

la Antártida

terre

la tierra

pays

la tierra

mer

el mar

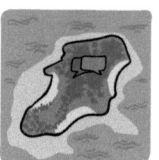

île

la isla

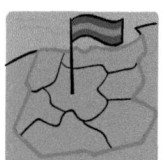

nation

la nación

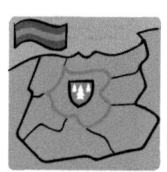

état

el estado

cadran

la esfera

aiguille des heures

la manecilla de las horas

aiguille des minutes

el minutero

aiguille des secondes

el segundero

Quelle heure est-il ?

¿Qué hora es?

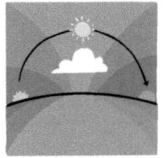

jour

el día

temps

la hora

maintenant

ahora

montre digitale

el reloj digital

minute

el minuto

heure

la hora

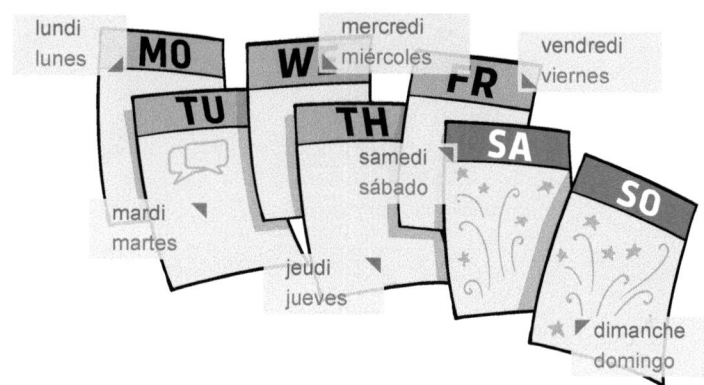

lundi / lunes — MO
mardi / martes — TU
mercredi / miércoles — W
jeudi / jueves — TH
vendredi / viernes — FR
samedi / sábado — SA
dimanche / domingo — SO

hier
....
ayer

aujourd'hui
....
hoy

demain
....
mañana

matin
....
la mañana

midi
....
el mediodía

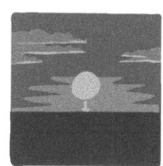

soir
....
la tarde

jours ouvrables
....
los días laborables

week-end
....
el fin de semana

année
el año

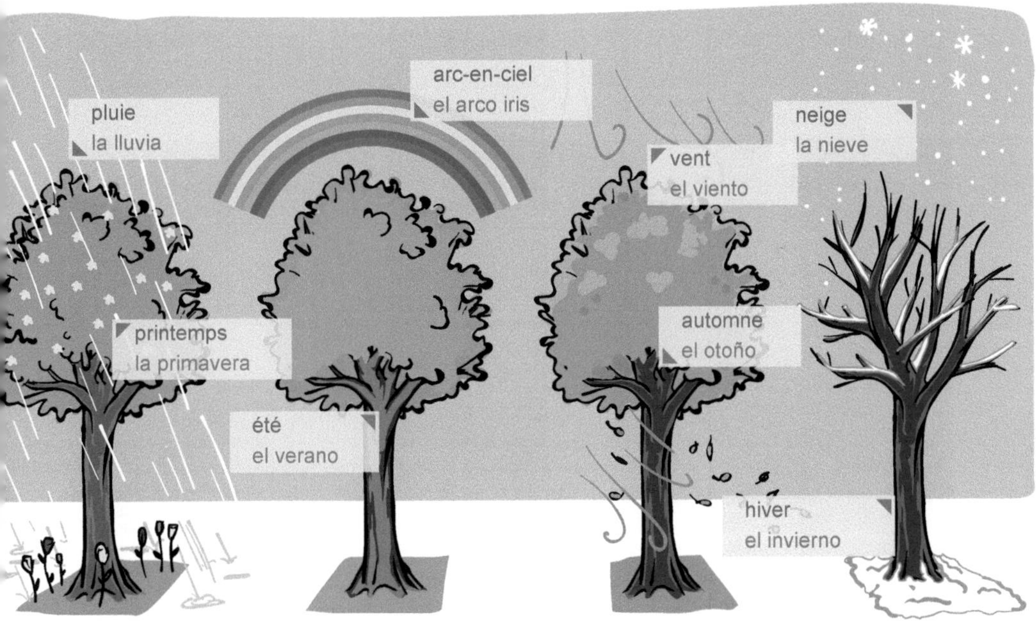

pluie
la lluvia
arc-en-ciel
el arco iris
neige
la nieve
vent
el viento
printemps
la primavera
automne
el otoño
été
el verano
hiver
el invierno

4.APRIL 11°
5.APRIL 4°
6.APRIL 13°
7.APRIL 8°
8.APRIL 10°

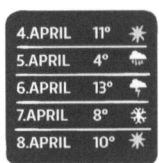

météo

el pronóstico del tiempo

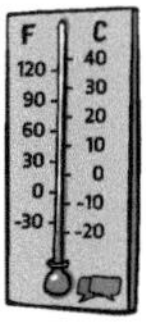

F C
120 90 60 30 0 -30
40 30 20 10 0 -10 -20

thermomètre

el termómetro

lumière du soleil

el sol

nuage

la nube

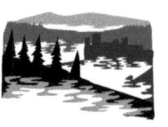

brouillard

la niebla

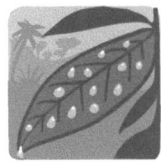

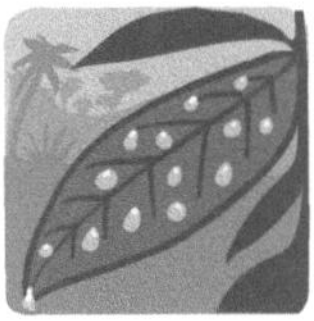

humidité

la humedad

foudre

el rayo

tonnerre

el trueno

tempête

la tormenta

grêle

el granizo

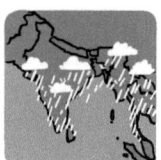

mousson

el monzón

inondation

la inundación

glace

el hielo

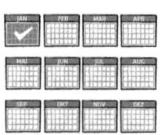

janvier

enero

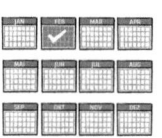

février

febrero

mars

marzo

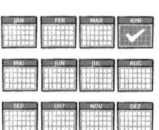

avril

abril

mai

mayo

juin

junio

juillet

julio

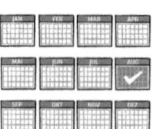

août

agosto

année - el año

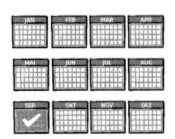

septembre
....
septiembre

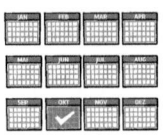

octobre
....
octubre

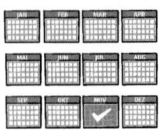

novembre
....
noviembre

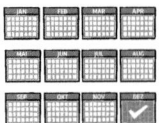

décembre
....
diciembre

cercle
....
el círculo

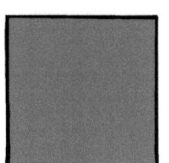

carré
....
el cuadrado

rectangle
....
el rectángulo

triangle
....
el triángulo

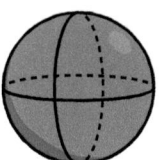

sphère
....
la esfera

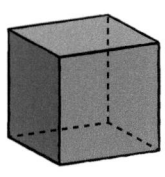

cube
....
el cubo

# couleurs
colores

blanc

blanco

jaune

amarillo

orange

naranja

rose

rosa

rouge

rojo

violet

morado

bleu

azul

vert

verde

marron

marrón

gris

gris

noir

negro

beaucoup / peu

mucho / poco

fâché / calme

enojado / tranquilo

joli / laid

bonito / feo

début / fin

principio / fin

grand / petit

grande / pequeño

clair / obscure

claro / oscuro

frère / soeur

el hermano / la hermana

propre / sale

limpio / sucio

complet / incomplet

completo / incompleto

jour / nuit

el día / la noche

mort / vivant

muerto / vivo

large / étroit

ancho / angosto

comestible / incomestible

comestible / no comestible

méchant / gentil

malo / amable

excité / ennuyé

entusiasmado / aburrido

gros / mince

gordo / delgado

premier / dernier

primero / último

ami / ennemi

el amigo / el enemigo

plein / vide

lleno / vacío

dur / souple

duro / blando

lourd / léger

pesado / ligero

faim / soif

el hambre / la sed

malade / sain

enfermo / sano

illégal / légal

ilegal / legal

intelligent / stupide

inteligente / tonto

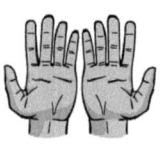

gauche / droite

izquierda / derecha

proche / loin

cerca / lejos

nouveau / usé
nuevo / usado

rien / quelque chose
nada / algo

vieux / jeune
viejo / joven

marche / arrêt
encendido / apagado

ouvert / fermé
abierto / cerrado

faible / fort
silencioso / ruidoso

riche / pauvre
rico / pobre

correct / incorrect
correcto / incorrecto

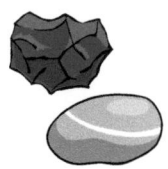

rugueux / lisse
áspero / suave

triste / heureux
triste / contento

court / long
corto / largo

lent / rapide
lento / rápido

mouillé / sec
húmedo / seco

chaud / froid
caliente / frío

guerre / paix
guerra / paz

0

zéro

cero

1

un / une

uno

2

deux

dos

3

trois

tres

4

quatre

cuatro

5

cinq

cinco

6

six

seis

7

sept

siete

8

huit

ocho

9

neuf

nueve

10

dix

diez

11

onze

once

12

douze
doce

13

treize
trece

14

quatorze
catorce

15

quinze
quince

16

seize
dieciséis

17

dix-sept
diecisiete

18

dix-huit
dieciocho

19

dix-neuf
diecinueve

20

vingt
veinte

100

cent
cien

1.000

mille
mil

1.000.000

million
el millón

anglais

el inglés

anglais américain

el inglés americano

chinois mandarin

el chino mandarín

hindi

el hindi

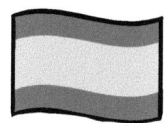

espagnol

el español

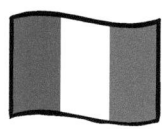

français

el francés

arabe

el árabe

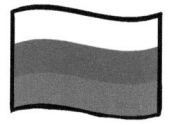

russe

el ruso

portugais

el portugués

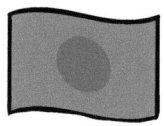

bengali

el bengalí

allemand

el alemán

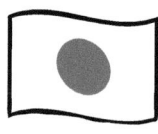

japonais

el japonés

je
....
yo

tu
....
tú

il / elle / ce, c', cela
....
él / ella

nous
....
nosotros

vous
....
vosotros

ils / elles
....
ellos

Qui ?
....
¿quién?

Quoi ?
....
¿qué?

Comment ?
....
¿cómo?

Où ?
....
¿dónde?

Quand ?
....
¿cuándo?

nom
....
el nombre

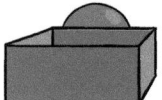

derrière

detrás

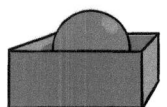

dans

en

devant

delante de

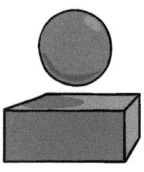

au-dessus

por encima de

sur

sobre

en-dessous

debajo de

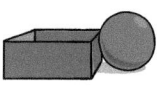

à côté de

junto a

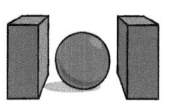

entre

entre

lieu

el lugar